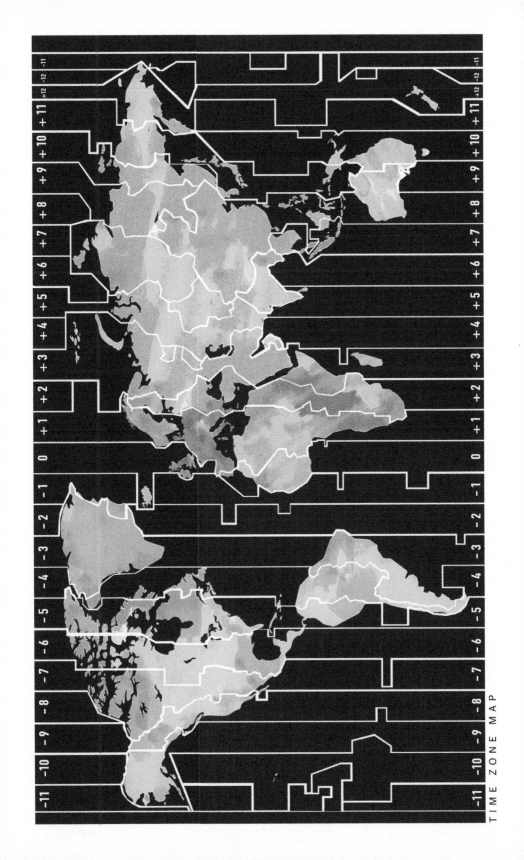

TIME ZONE MAP

DESTINATION(S):

GOOD TO KNOW ABOUT REGION AND CULTURE:

# PACKING LIST

# TO DO BEFORE LEAVING

# BUCKET LIST

- [ ]
- [ ]
- [ ]
- [ ]
- [ ]
- [ ]
- [ ]
- [ ]
- [ ]
- [ ]
- [ ]
- [ ]
- [ ]
- [ ]
- [ ]
- [ ]
- [ ]
- [ ]
- [ ]
- [ ]
- [ ]
- [ ]
- [ ]
- [ ]
- [ ]
- [ ]
- [ ]
- [ ]
- [ ]
- [ ]
- [ ]
- [ ]
- [ ]
- [ ]

BUDGET

|  |  |
|---|---|
|  |  |

| TOTAL: | TOTAL: |

LOCATION:                                        DATE:

DESTINATION(S):

GOOD TO KNOW ABOUT REGION AND CULTURE:

# PACKING LIST

## TO DO BEFORE LEAVING

# BUCKET LIST

- [ ]
- [ ]
- [ ]
- [ ]
- [ ]
- [ ]
- [ ]
- [ ]
- [ ]
- [ ]
- [ ]
- [ ]
- [ ]
- [ ]
- [ ]
- [ ]
- [ ]
- [ ]
- [ ]
- [ ]
- [ ]
- [ ]
- [ ]
- [ ]
- [ ]
- [ ]
- [ ]
- [ ]
- [ ]
- [ ]
- [ ]
- [ ]

# BUDGET

|  |  |
|---|---|
|  |  |

| | | | | | | | | | | | |
|---|---|---|---|---|---|---|---|---|---|---|---|
| _____ | . | . | . | . | . | _____ | . | . | . | . | . |
| _____ | . | . | . | . | . | _____ | . | . | . | . | . |
| _____ | . | . | . | . | . | _____ | . | . | . | . | . |
| _____ | . | . | . | . | . | _____ | . | . | . | . | . |
| _____ | . | . | . | . | . | _____ | . | . | . | . | . |
| _____ | . | . | . | . | . | _____ | . | . | . | . | . |
| _____ | . | . | . | . | . | _____ | . | . | . | . | . |
| _____ | . | . | . | . | . | _____ | . | . | . | . | . |
| _____ | . | . | . | . | . | _____ | . | . | . | . | . |
| _____ | . | . | . | . | . | _____ | . | . | . | . | . |
| _____ | . | . | . | . | . | _____ | . | . | . | . | . |
| _____ | . | . | . | . | . | _____ | . | . | . | . | . |
| _____ | . | . | . | . | . | _____ | . | . | . | . | . |
| _____ | . | . | . | . | . | _____ | . | . | . | . | . |
| _____ | . | . | . | . | . | _____ | . | . | . | . | . |
| _____ | . | . | . | . | . | _____ | . | . | . | . | . |
| _____ | . | . | . | . | . | _____ | . | . | . | . | . |
| _____ | . | . | . | . | . | _____ | . | . | . | . | . |
| _____ | . | . | . | . | . | _____ | . | . | . | . | . |
| _____ | . | . | . | . | . | _____ | . | . | . | . | . |
| _____ | . | . | . | . | . | _____ | . | . | . | . | . |
| _____ | . | . | . | . | . | _____ | . | . | . | . | . |
| _____ | . | . | . | . | . | _____ | . | . | . | . | . |
| _____ | . | . | . | . | . | _____ | . | . | . | . | . |
| _____ | . | . | . | . | . | _____ | . | . | . | . | . |
| _____ | . | . | . | . | . | _____ | . | . | . | . | . |
| _____ | . | . | . | . | . | _____ | . | . | . | . | . |
| _____ | . | . | . | . | . | _____ | . | . | . | . | . |
| _____ | . | . | . | . | . | _____ | . | . | . | . | . |
| _____ | . | . | . | . | . | _____ | . | . | . | . | . |

| TOTAL: | TOTAL: |
|---|---|

LOCATION:                    DATE:

LOCATION:                                        DATE:

LOCATION:                                      DATE:

LOCATION:                                    DATE:

Made in the USA
Coppell, TX
13 November 2022

86294951R00069